F. Potvin

AF264101

DÉCHÉANCE

ET

LIBERTÉ

PAR

FÉLIX BELLY

PRIX : **50** CENTIMES

BRUXELLES

EN VENTE CHEZ L'AUTEUR, 9, RUE BERLAIMONT

ET CHEZ TOUS LES LIBRAIRES

Août 1870

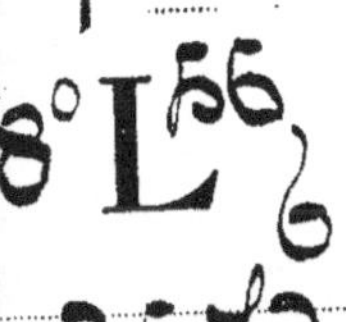
8° L⁵⁶ 6

DÉCHÉANCE

ET

LIBERTÉ

PAR

FÉLIX BELLY

PRIX : **50** CENTIMES

BRUXELLES

EN VENTE CHEZ L'AUTEUR, 9, RUE BERLAIMONT

ET CHEZ TOUS LES LIBRAIRES

Août 1870

BIBLIOTHÈQUE NATIONALE
R. F.
ESTAMPES

DÉCHÉANCE ET LIBERTÉ

Il fallait un coup de tonnerre pour réveiller la France napoléonienne du sommeil d'orgie qui la clouait dans la servitude depuis le 2 décembre. Le canon de la Prusse a fait ce miracle. L'atmosphère empoisonnée que nous respirions s'est trouvée subitement purifiée par cet ouragan. Le rideau qui nous voilait les hontes et les dépravations du régime s'est déchiré d'un trait. Une effroyable déception, née du plus présomptueux chauvinisme, nous a ouvert les yeux sur l'abîme où nous entraînait l'idole si servilement adorée depuis vingt ans et où la civilisation s'engouffrait avec nous. Rendons grâce à Dieu que l'excès de nos malheurs puisse devenir, si nous le voulons bien, l'occasion de notre salut. Le sang qui coule à torrents pour laver nos fautes, a remué dans nos âmes flétries les fibres divines de l'humanité. Tous les problèmes de l'avenir doivent être résolus sans délai à cette terrible lueur des leçons du présent. — « Le danger est commun et chacun de nous doit parler librement, » disait Jason aux Argonautes, il y a trois mille ans. Nous avons assez pleuré sur les sanglants holocaustes offerts par une famille maudite à l'insatiable Moloch des Césars. L'heure est venue de parler librement pour éviter à l'Europe civilisée de plus irréparables désastres.

I

Une guerre impie.

L'Empire a vécu. Il s'est écroulé de lui-même sous le seul poids de ses crimes et de ses folies. Il a fini comme il avait commencé, les pieds dans le sang et le mensonge aux lèvres. Contrefaçon grotesque et cynique d'une période trop éclatante, à laquelle nous devions déjà tant de calamités intérieures et extérieures, il a abouti comme elle à l'invasion de notre sol. Il nous laisse pour adieux et pour récompense de notre foi aveugle dans son étoile, le pays désarmé, les arsenaux vides, l'administration en désarroi, dix milliards de dettes, trois provinces perdues et la civilisation reculée de deux siècles !

On croit rêver encore en songeant à ce cataclysme inattendu, à ces batailles sans fin, à ces générations fauchées par une science infernale, à ce million d'hommes, l'espoir de deux peuples, hier encore plein de vie et d'amour, demain pourrissant dans nos sillons dévastés, et à ces ruines immenses que cinquante ans ne relèveront pas, tout cela parce qu'il s'est rencontré un second Bonaparte pour abuser la France et pour l'asservir ! Il n'y aurait plus de justice humaine et il faudrait s'empresser d'amnistier tous les bagnes, si de pareils attentats devaient rester impunis. Ouvrez les yeux du moins, vous dont le fétichisme fanatique nous a valu un si épouvantable réveil, et que cette crise suprême soit la dernière !

Le monde était en paix, de l'équateur aux pôles. Pas un point noir n'apparaissait à l'horizon. Un épanouissement général du crédit et des affaires reliait l'Allemagne à la France par des liens qui semblaient indissolubles Un ministre anglais avait pu dire avec vérité, quelques jours auparavant, que jamais il n'avait constaté un pareil apaisement des esprits, une si complète absence de sujets de conflits européens.

Il y avait bien, dans l'Olympe nuageux de la diplomatie, deux cupidités dynastiques toujours menaçantes. Des armements monstrueux, des essais révoltants aux yeux de l'humanité, mais pleins de merveilles pour ses ravageurs attitrés, venaient bien de temps en temps alarmer les intérêts de la paix. Mais ces intérêts paraissaient si puissants par leur nombre, par leur importance et par leur caractère international, qu'en dépit des excitations prétoriennes d'une presse de fonds secrets et d'antichambre, personne n'imaginait qu'il fût possible à un chef d'État de donner de gaieté de cœur le signal de leur destruction.

Pourquoi d'ailleurs ce retour subit à la barbarie des conquêtes, la plus abominable de toutes? Étions-nous menacés d'une nouvelle campagne de Sadowa? Touchait-on à nos frontières, à notre influence légitime ou à nos alliés? Nous aurions compris l'intervention armée de la France pour défendre le Danemark contre une inique agression et pour arrêter la Prusse dans son débordement de 1866. La justice et les traités nous en faisaient peut-être un devoir, et si ce devoir eût été rempli à son heure, nous n'assisterions pas aujourd'hui à une conflagration dont le contre-coup est universel. Mais après avoir sanctionné ces violences, après s'être applaudi publiquement des transformations qu'elles avaient amené dans la constitution de l'Allemagne, il n'y avait que le *delirium tremens* d'un Caligula qui pût en faire sortir, au bout de quatre ans de préparatifs et de réflexions, une question imaginaire d'équilibre européen et une guerre trop réelle d'extermination.

Il est vrai que notre bon sens national, étranger aux rêves d'un maniaque, ne s'était applaudi, lui, ni de Sadowa, ni des traités de 1815 remplacés par le traité de Prague. Nous n'avions pas ménagé Guillaume Ier et M. de Bismark dans nos appréciations spontanées, et nous ne les aurions pas ménagés à la tribune ou dans la presse, si leur complice de Biarritz nous en avait laissé la liberté. Seulement, notre bon sens national ne nous reconnaissait pas le droit d'empêcher l'Allemagne de se constituer à sa guise; encore moins celui de venger le machiavélisme impérial, déçu dans ses calculs, par l'assassinat de tout un peuple. Et nous nous sentions d'autant moins autorisés à nous plaindre des faits accomplis, que c'étaient, au fond, les souvenirs irritants du premier Empire et les complots ténébreux du second qui avaient provoqué et réalisé l'unité allemande.

Malheureusement, le régime du Deux-Décembre avait porté ses fruits. La France ne s'appartenait plus. Broyée depuis vingt ans par un engrenage impitoyable et systématiquement avilie par la recherche exclusive de la richesse et des plaisirs, il ne lui restait pas assez de force morale pour réagir contre l'appel aux armes. Victime d'ailleurs du guet-apens plébiscitaire, elle venait de confirmer son maître dans son infatuation césarienne et de s'enlever à elle-même toute faculté de résistance. Une presse vénale ou affolée était prête à servir les desseins les plus violents ; le Corps législatif et la police rivalisaient de mesures de compression comme de bassesses ; un aventurier couronné se croyait en mesure de remanier à son gré la carte de l'Europe Ses courtisans lui répétaient tous les jours que tout était prêt. Le maréchal Niel avait même osé déclarer à la tribune qu'on devait fairé la guerre, par cette seule raison qu'on la ferait avec succès. On possédait des mitrailleuses et des chassepots, donc on devait tuer cinq cent mille hommes pour les utiliser. Telle était la morale de l'Empire, de ses généraux et de ses séides. Les Peaux-Rouges des forêts américaines l'auraient flétrie du nom de brigandage. C'est ce brigandage, inhérent à l'institution impériale, qui met aujourd'hui le monde en feu et notre pays à deux doigts de sa perte, sous le prétexte menteur d'une candidature qui ne nous regardait pas et pour laquelle, d'ailleurs, nous avions obtenu spontanément une suffisante satisfaction.

L'histoire ne croira pas qu'en plein dix-neuvième siècle, dans l'ère des chemins de fer et des télégraphes, après le rapprochement opéré entre les peuples par cinquante ans de progrès pacifiques, un pareil attentat ait pu se préparer et s'accomplir sans protestation au sein de la France de 89. Hélas! l'histoire ne saura jamais jusqu'à quel point le régime sorti du 18 brumaire avait faussé les consciences, avili les caractères, corrompu même ses propres ennemis jusqu'à en faire les complices de la légende du libéralisme napoléonien L'histoire ne comprendra pas comment nous avons supporté pendant trois quarts de siècle cette centralisation administrative qui fait de nous des ilotes uniquement chargés de créer une fortune publique pour en gorger une poignée de satrapes, et qui nous entoure systématiquement de ténèbres et d'entraves pour nous conduire plus sûrement à l'abattoir ou à l'égout. L'histoire reculera d'horreur et d'épouvante au récit vrai de ce crime du 2 décembre, l'hégire du nouveau Mahomet, et des saturnales sans nom qui constituent la gloire du second Empire. Des sophismes pour principes, l'imposture et la force brutale pour moyen d'action, la police pour ressort occulte, les finances au pillage, l'ignorance et l'abrutissement imposés aux masses, les derniers des hommes devenus les premiers, et les Tuileries transformées en lupanar pour fournir à un sultan sans foi ni loi des jouissances sans voile et sans mesure, voilà ce que nous ont valu de funestes victoires et de plus funestes égarements de l'esprit public. Nous nous sommes laissé écraser une seconde fois par la massue du despotisme. Le despotisme a fait son œuvre. Il nous a pris notre sang et notre or sans nous consulter; il a fait envahir nos provinces, bombarder nos villes, ravager nos campagnes. Il a semé le deuil et la mort partout où il a passé, et Dieu sait ce que nous réserve encore l'avenir pour nous punir d'avoir sacrifié la liberté à la gloire.

Comprendrons-nous maintenant qu'il faut en finir non-seulement avec l'Empire, mais encore avec le système entier qu'il représente. Notre héroïsme même est à ce prix, car l'élan national ne défendra Paris que si Paris est libre. L'avénement du général Trochu est un premier pas dans la voie nécessaire de l'expiation; mais cela ne suffit pas. La guerre n'aurait pas eu lieu, si les manifestations de l'immense majorité de la population parisienne en faveur de la paix n'avaient été brutalement étouffées par vingt mille décembraillards vomis par la police. Or, ce régime de terreur est aujourd'hui plus impitoyable que jamais. Ce n'est pas Napoléon III qui règne, c'est Robespierre III. Maintenu par un ministère de cour, le Corse Piétri n'est que l'esclave d'une dynastie. Ce ministère lui-même n'a d'autre signification que l'écrasement de tout un peuple sous le talon d'une femme qui nous est aussi étrangère d'idées et de mœurs que de naissance. Quatre journaux ont déjà disparu pour enlever à la vérité tout moyen de se faire jour. La frontière est fermée aux feuilles du dehors pour que nos fausses victoires ne soient pas démasquées. Une nuit profonde environne la France et ne lui laisse ni le sentiment de ses forces ni la liberté de ses mouvements. Paris est perdu si cette situation dure encore huit jours. On ne se bat pas dans la nuit, ni les bras chargés de chaînes. Que la justice commence donc pour les traîtres et les pervers, et que les principes reprennent la place des cupidités insatiables. L'heure est solennelle, non-seulement pour notre pays, mais pour la civilisation tout entière. Déchéance et liberté, tels sont les deux termes de la solution nécessaire. Tel devrait être le cri unanime des intérêts et des cœurs que tant de malheurs inconnus menacent encore.

II

La déchéance.

Si ce mot sauveur eût été prononcé et accepté au Corps législatif, le lendemain de la défaite de Wissembourg, 400,000 jeunes mobiles, hier encore sans fusils, pourraient concourir efficacement à la lutte engagée, et 4 millions de gardes nationaux, réduits à l'impuissance par les préoccupations dynastiques, ne seraient pas condamnés à attendre des hasards d'une bataille le salut de leurs foyers. Le mot, cependant, était déjà sur toutes les lèvres, et chaque heure qui s'est écoulée depuis, chaque complication militaire ou politique résultant du personnel ou de l'appareil désastreux de l'empire, chaque révélation nouvelle sur l'ineptie de ses créatures et les effroyables dilapidations de leur administration, n'ont fait que le rendre plus unanime et plus irrévocable. L'Empereur est déchu de par la loi de tous les peuples qui arrache les grands criminels à leurs fausses grandeurs pour les clouer sur le banc d'infamie ; et si la vengeance populaire était écoutée, il n'y aurait pas de supplice assez affreux pour égaler l'intensité des haines et le chœur formidable de malédictions dont sa personne et sa famille sont l'objectif.

Mais il y a dans le Corps législatif une majorité infâme, — le mot n'est que juste, — issue des candidatures officielles, pour qui patrie, honneur et justice n'ont d'autre sens que celui du bon plaisir du maître. Inféodée au régime par ses idées aussi bien que par ses intérêts égoïstes, elle n'a répondu à la pression de l'opinion indignée, qu'en acclamant un ministère de favoris dont MM. Jérôme David et Grandperret résument la pensée politique, et qu'en s'inclinant plus bas que jamais devant l'Égérie des Tuileries. C'est cette majorité frauduleuse qui seule tient en échec le dénoûment réclamé, et qui ouvrira plutôt les portes de Paris au prince de Prusse que de renoncer à ses propres priviléges par l'abandon de celui à qui elle doit tout.

Eh bien, qu'on en finisse d'abord avec elle, et qu'on lui demande un compte sévère du vote insensé et odieux qui nous a jeté dans cette guerre de sauvages, sur la seule affirmation d'un ministre apostat. Sortons, une fois pour toutes, de la légalité menteuse pour rentrer dans le droit souverain. Cette majorité ne représente pas plus le suffrage universel que des clous enfoncés à coups de marteau dans le tronc d'un chêne ne figurent ses rejetons. Elle n'est que le produit impur du mensonge officiel, de la corruption administrative, et des plus odieuses manœuvres qui aient jamais déshonoré un scrutin. Elle ne mérite pas plus de ménagements que le pouvoir dont elle est l'instrument. Tous ses membres devraient même être déclarés responsables, dans la totalité de leurs biens, des charges financières qu'ils ont imposées à la France sans son aveu et malgré elle. Il n'y a en ce moment qu'un pouvoir légitime, celui des mandataires élus en dépit de la pression gouvernementale. Ce sont là les véritables rejetons du chêne national, si longtemps mutilé par le fer rouge de la constitution de décembre. Ils ont pour eux le droit, le sentiment public et la nécessité; que le général Trochu leur donne la force; et que du sein de cette assemblée patriotique de 50 à 60 voix sorte enfin, aux applaudissements unanimes du pays, l'arrêt attendu de la déchéance d'un monstre, et le gouvernement du salut public que réclament les circonstances.

Or, qui dit déchéance, dit arrestation et jugement. Si la responsabilité constitutionnelle n'est pas un vain mot, jamais plus grand coupable n'aura encouru des peines plus terribles. Jamais le monde chrétien n'a assisté à plus grands scandales, à une violation plus audacieuse de toutes les lois qui protégent les sociétés, à une accumulation plus invraisemblable de violences, d'assassinats, de concussions et de vols publics. La nuit fatale du coup d'État ne fut que le débordement d'une association de bandits, choisis dans l'écume sociale par le moderne Catilina. Les dix-neuf ans de règne qui l'ont suivie ne pouvaient être que l'application régulière de ce banditisme faisant de la justice et des lois les protecteurs éhontés de tous les crimes. La France et le monde apprendront avec stupeur, si l'enquête est ouverte, que ce n'est pas 25 millions, mais 2 à 300 millions par an que dévorait le minotaure impérial, pour suffire aux besoins toujours renaissants de ses passions inassouvies et de son entourage de sac et de corde ; que toute l'organisation de 1852 n'avait pour objet que d'empêcher le contrôle de la presse et de la tribune sur la réalité des dépenses ministérielles ; et qu'il a été commis plus de faux en écriture publique pour justifier cette gigantesque exploitation de la fortune d'un pays au profit d'un homme, que les tribunaux du monde entier n'en ont peut-être signalés et punis depuis l'origine des sociétés

Que la lumière se fasse donc sur les hommes et sur les choses de cette période sinistre. Il y a une haute cour de Bourges devant laquelle l'auteur du coup d'État aurait été traduit, s'il s'était trouvé dans l'armée appelée à le seconder un seul officier supérieur honnête homme. C'est à cette cour qu'appartient la mission de juger le triomphateur de vingt ans de césarisme, et d'apprendre ainsi au monde épouvanté par le tableau réel des excès qui ont signalé son règne, qu'il n'y a de sécurité et de civilisation morale que dans l'application sévère des principes du *self-government*, et que tout peuple qui s'abandonne à un homme se condamne à l'anéantissement.

En résumé, le Corps législatif est déchu comme son idole, et son rôle est fini. C'est à la minorité libérale, issue du vote spontané des populations, que revient le pouvoir tombé des mains incapables et pourries du dernier des Césars. C'est à elle qu'incombe la tâche sacrée de sauver la France comme en 92 par l'union de toutes ses forces vives et de la régénérer ensuite par la liberté. C'est aux 53 membres du Comité de défense, soutenus aujourd'hui par M. Trochu, que l'opinion demande de se constituer en permanence et de prendre d'office les mesures suivantes :

— La déchéance de l'Empereur et sa mise en accusation.

— La suppression de cet hôpital de pestiférés et de ce Conservatoire de servilisme qu'on appelle le Sénat.

— L'annulation de toutes les élections législatives de 1869 entachées du vice de la candidature officielle et l'appel à des élections plus sincères pour compléter l'assemblée nationale.

— L'amnistie générale et l'élargissement de M. Henri Rochefort, le premier auteur du réveil de l'esprit public et le député inviolable de la première circonscription de Paris.

— La déclaration de l'autonomie acquise à la commune et au département et du droit de nomination des maires par les conseils municipaux.

— La presse affranchie de toute entrave fiscale, avec la juridiction du jury, seul moyen de faire pénétrer la vérité et le sens moral dans les masses.

— Le remplacement immédiat des commissions municipales de Paris et de Lyon par des administrations élues.

— L'abolition de la conscription après la guerre, pour que le pays et le monde civilisé sachent bien que cette guerre impie sera la dernière.

— Enfin, la constitution d'un gouvernement provisoire, choisi dans l'opposition de principes, qui aura la mission de décréter la victoire, de traiter de la paix, de présider à notre organisation future, et de nous donner toutes les garanties sérieuses de liberté que nous n'avons jamais possédées depuis 1789.

III

Le gouvernement provisoire.

Disons-le tout de suite, il n'entre ni dans notre pensée ni dans nos vœux de voir la République succéder à l'Empire, encore moins de la voir s'imposer avant tout débat comme en 1848. Si la république est théoriquement la forme la plus parfaite, son alliance adultère avec le socialisme en a fait la forme la plus dangereuse. Constituée en principe comme le gouvernement par excellence du pays par le pays, elle est devenue en réalité la dictature d'une classe sur toutes les autres et le signal d'une invasion d'idées et d'appétits incompatibles avec les bases essentielles de toute société.

Nous l'avons vue en 1848, protester par la guerre civile contre la première et la plus légitime assemblée nationale issue du suffrage universel. C'est elle qui a rendu possible le succès corrupteur du coup d'État, en lui donnant pour prétexte le maintien de l'ordre qu'elle menaçait. C'est elle encore qui a fait perdre au vote du 8 mai dernier les deux millions de voix acquises à l'opposition dans les élections de 1859. Son impopularité dans les villes et les campagnes, suffisamment justifiée par des manifestations comme celles du congrès de Bâle et des réunions publiques de Paris, a été jusqu'ici le plus grand obstacle à notre affranchissement du despotisme impérial. La république deviendra peut-être, dans quelque vingt ans, avec une génération nouvelle formée à la pratique de toutes les libertés le gouvernement désirable du pays ; elle ne serait aujourd'hui, dans l'anarchie morale où nous sommes tombés, qu'une explosion d'extravagances, pour ne pas dire de jacqueries antisociales, dont la répression nous ramènerait bien vite au régime du sabre.

Or, ce qu'il nous faut avant tout et ce qui doit sortir des épreuves de la crise actuelle, ce n'est pas une dictature nouvelle. C'est la liberté constitutionnelle, la liberté entière, complète, à tous les degrés de l'échelle, rendant à l'individu toute son initiative et toute sa part de souveraineté, et ne laissant à l'État que le rôle du constable et du gendarme pour venger les violations de l'ordre matériel. Mais cette liberté n'est pas le privilége exclusif de telle ou telle forme de gouvernement. La Belgique est plus libre et plus heureuse, et surtout plus morale que la grande république américaine. L'Angleterre et l'Italie donnent à la propriété et à la vie des citoyens des garanties qu'on ne rencontre nulle part de l'autre côté de l'Océan, excepté dans une monarchie, celle du Brésil. Si donc nous voulons pour la première fois écouter les leçons de l'expérience et agir en peuple éclairé qui ne sacrifie pas la réalité à l'apparence, nous écarterons ce mot de république, si gros de déceptions dans le passé et si menaçant d'inconnu dans l'avenir, pour chercher la liberté positive là ou la Belgique l'a trouvée.

La forme de gouvernement d'un pays comme la France ne peut être, dans tous les cas, ni l'enjeu d'un coup de main ni le prix d'une surprise. C'est par la discussion loyale et sérieuse qu'elle doit s'établir dans les esprits avant de se formuler dans la loi. La question est entière ; il importe qu'elle reste entière jusqu'à la signature de la paix. Le gouvernement provisoire dont nous appelons l'avénement, ne saurait donc être qu'un instrument de délivrance nationale, étranger aux partis, les réunissant tous sous son impulsion vigoureuse, et d'autant plus libre de ses mouvements réparateurs, qu'il sera plus affranchi de coteries et de systèmes.

Quant à sa composition, elle est naturellement indiquée, à quelques noms près, par le rôle actif des principaux membres de l'opposition depuis quelques années, et nous croyons que l'opinion saluerait avec une vive satisfaction, la présidence du conseil donnée à M. Thiers, les affaires étrangères à M. Jules Favre, la justice à M. Ernest Picard, l'intérieur à M. Grevy, l'instruction publique à M. Jules Simon et la direction militaire à MM. Trochu et Changarnier.

M. Thiers n'est pas seulement la plus grande personnalité politique du moment, c'est surtout le seul homme d'État qui puisse négocier avec l'Europe et en qui l'Europe ait confiance. Odieusement attaqué pendant un mois par les feuilles officieuses et vénales qui patronaient la guerre, il doit aujourd'hui à ces attaques iniques la plus saine des popularités, celle qui résulte du courage civil uni à la prévision des événements. Cette prévision presque miraculeuse nous a valu les fortifications de Paris, dernier refuge de notre patriotisme. C'est le plus grand service que jamais citoyen n'ait rendu à son pays. Il suffirait pour désigner M. Thiers à la présidence du gouvernement provisoire, si sa défense constante des *libertés nécessaires* n'en faisait déjà, en dépit de quelques dissentiments de détail, le chef naturel d'un cabinet radical. Aucun autre nom ne rallierait plus complétement la garde nationale, qui doit être désormais la seule police politique. Associé au nom sympathique du général Trochu, il deviendrait le plus ferme rempart de notre nationalité humiliée, et l'inspirateur autorisé d'une paix définitive basée sur le respect du droit des peuples et sur l'ordre moral à l'extérieur comme à l'intérieur.

Mais ce que nous demandons surtout au gouvernement national, quel qu'il soit, auquel incombera la tâche ardue de guérir les blessures et de réparer les fautes de l'Empire, c'est de balayer sans hésitation et sans faiblesse tout l'édifice d'arbitraire et de violence issu de la Constitution de l'an VIII, et de faire table rase de l'écrasante centralisation qui nous dévore et nous étouffe depuis trois quarts de siècle. C'est à l'omnipotence administrative que nous devons la stérilité de nos révolutions. Il n'y aura de liberté réelle que lorsqu'elle aura disparu sans retour avec la notion communiste de l'État.

On compte aujourd'hui plus d'un million de familles qui vivent de l'impôt, qui ne comprennent dans la société que leur propre mécanisme, et dont les intérêts essentiellement liés au pouvoir, faussent à la fois nos institutions, notre esprit public et notre sens moral. Une nation libre n'a pas besoin de tant de serviteurs, pour la plupart aussi médiocres qu'exigeants. Nous avons toujours été trahis par ces mandataires infidèles. Apprenons à faire nos affaires nous-mêmes, et rendons à la vie commune, à la vie du travail quotidien et de l'initiative productive, les légions de fruits·secs que nous avons entretenus jusqu'ici pour nous asservir. Avec la liberté communale et départementale, l'effacement de la police, l'inviolabilité du citoyen et de son domicile, et la réduction des travaux publics au strict nécessaire, les dix·neuf vingtièmes des fonctionnaires actuels deviennent inutiles. Aucune loi morale ne protége leurs droits acquis plus que ceux des simples particuliers. Leur part de responsabilité dans la ruine du pays les condamne au contraire à partager le sort de ceux dont ils ont été les plus serviles instruments. Il n'y avait qu'une révolution vengeresse qui pût nous débarrasser de la lèpre envahissante de la bureaucratie. Nos neveux béniront cette révolution, malgré ses désastres, si nous savons du moins en faire sortir notre propre virilité, et la suppression de tous les rouages meurtriers du despotisme administratif.

IV

Civilisation ou Barbarie.

Et maintenant *sursum corda !* et que la France reprenne enfin, sans regarder en arrière, la grande tradition de 89. Nous avons payé assez cher la double expérience du césarisme pour nous affranchir désormais de tous les éléments qui le constituent. En conséquence, plus d'armées permanentes, plus d'états-majors, plus de panaches, plus d'épaulettes vaniteuses, plus de sabres traînants, plus de comédiens paradant dans nos rues pour faire pâlir le mérite civil devant une mise en scène de tréteau. La conscription n'a produit jusqu'ici que le dépeuplement des campagnes, l'abaissement de la taille, l'épuisement de la race, la vie ignoble des garnisons et la prostitution, fille de la caserne, sans compter les expéditions injustifiables comme celles du Mexique et de la Cochinchine. Elle nous a coûté plus de cinquante milliards depuis 70 ans, cinq fois notre dette nationale, deux fois toute notre fortune mobilière, assez pour enrichir toutes les misères et supprimer toutes les ignorances de la France entière. Elle doit être rayée de nos institutions avec le chauvinisme qu'elle éternise et avec nos prétentions ridicules à la suprématie. Ce sont nos armées permanentes, qui ont provoqué l'armement général de l'Europe et légitimé aux yeux de l'Allemagne la puissante organisation militaire de la Prusse. En donnant l'exemple du désarmement par l'adoption du système suisse, nous ferons tomber toutes les défiances des peuples, sans rien enlever à notre sécurité, et nous reprendrons du même coup notre véritable influence irrésistible, celle de nos mœurs, de notre génie sympathique, de nos idées généreuses, de notre littérature, de nos arts, retrempés dans la liberté.

« L'Europe périra par les hommes de guerre, » avait prédit Montesquieu. Ce qui se passe lui a donné raison. La barbarie frappe à nos portes avec tout son cortége de destructions. C'est la barbarie dans la vie publique et dans la vie privée que l'Empire a inauguré par l'étouffement systématique de la conscience nationale. Il n'y a que des barbares qui puissent se ruer sur des foules inoffensives, combler les prisons de suspects, et souiller toutes les intimités de délateurs, comme le fait la police immonde de M. Piétri. Il n'y a que des Corses sauvages, habitués au meurtre, capables d'égorger une nation pour le maintien d'une dynastie. La barbarie a pénétré à leur insu jusqu'aux classes parisiennes les plus éclairées. Elle se traduisait hier par une dépravation inouïe, elle se traduit aujourd'hui par des manifestations féroces ou extravagantes qui révoltent toute l'Europe. Nous avons supporté, sans bondir, un saltimbanque sur le trône et son premier Lebel pour ambassadeur, une presse de flibustiers et de viveurs chantant l'hosanna de la servitude et nos théâtres transformés en école publique de débauche ; nous chassons aujourd'hui, comme au moyen âge, toute une population de ses foyers pour le crime d'être née sur la rive droite du Rhin, et nous arrêtons en furieux quand nous ne les assommons pas sur place, les hommes assez hardis pour penser qu'un honnête Prussien est aussi respectable qu'un honnête Français. Toute la mise en scène du début de la guerre, avec sa *Marseillaise* avinée et ses hurlements *à Berlin*, n'était qu'un ignoble spectacle de barbarie; l'allure violente des principaux journaux de Paris, aussi dépourvus de raison que de sincérité, dit encore plus haut que tout le reste, combien la France a besoin de sortir du bourbier napoléonien pour redevenir civilisée.

A l'œuvre donc, vous tous qui ne désespérez pas de l'humanité, et que cette guerre horrible cesse ses ravages! Nous avons été les agresseurs, nous avons fait des mitrailleuses *l'ultima ratio* du monde moderne La fortune a trahi l'héroïsme sans égal de nos soldats. Nous devons subir la loi réparatrice des indemnités sous la seule condition de l'intégrité de notre territoire. Nous devons surtout imposer silence à notre amour-propre traditionnel pour écouter la voix de la justice et de la véritable grandeur. Ce n'est pas nous qui avons été vaincus, ce sont les hommes et les choses de l'empire. Avec sa chute, disparaît tout prétexte sérieux d'une prolongation de lutte.

La France gouvernait le monde au xviiie siècle par ses écrivains et ses philosophes, alors même que ses armées étaient battues par le grand Frédéric; elle le gouvernera encore du haut de ses glorieuses défaites dès que nous reprendrons possession de nous-mêmes. Mais que le sang cesse de couler pour de vains préjugés, indignes d'un peuple généreux. Ce ne sont pas seulement des Prussiens que nous combattons, ce sont encore les petits-fils des 500,000 Français qu'un autre despote expulsa en masse il y a deux cents ans, ce sont les frères des Humboldt et des Jacoby, les meilleurs amis de la France. Chaque jour d'ailleurs qui s'écoule nous appauvrit de cent millions. Assez de ruines! assez de bouleversement, assez de barbarie sans but et sans issue! Que la diplomatie intervienne et que le monde respire! Nous aurons payé peut-être sept milliards, les sept millions de *oui* tombés dans l'urne fatale du plébiscite. Mais nous ne pleurerons que le sang répandu à flots s'il nous reste en échange la LIBERTÉ.

Bruxelles. — Imp. de E. Wittmann, rue de la Pompe, 8.

www.ingramcontent.com/pod-product-compliance
Lightning Source LLC
Chambersburg PA
CBHW050741070726
47597CB00009B/4020